LA FRANCE

DRAMATIQUE

AU DIX-NEUVIÈME SIÈCLE.

CHOIX DE PIÈCES MODERNES.

Vaudeville.

LE BON MOYEN,

VAUDEVILLE.

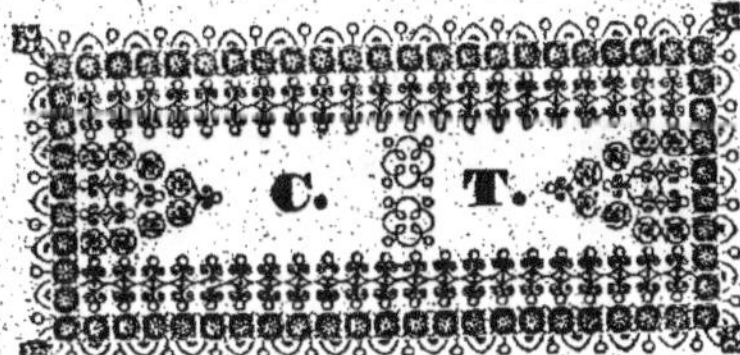

706.

PARIS.

C. TRESSE, ÉDITEUR,

ACQUÉREUR DES FONDS DE J.-N. BARBA ET V. BEZOU,

SEUL PROPRIÉTAIRE DE LA FRANCE DRAMATIQUE,

PALAIS-ROYAL, GALERIE DE CHARTRES, Nos 2 ET 3,

Derrière le Théâtre-Français.

1841.

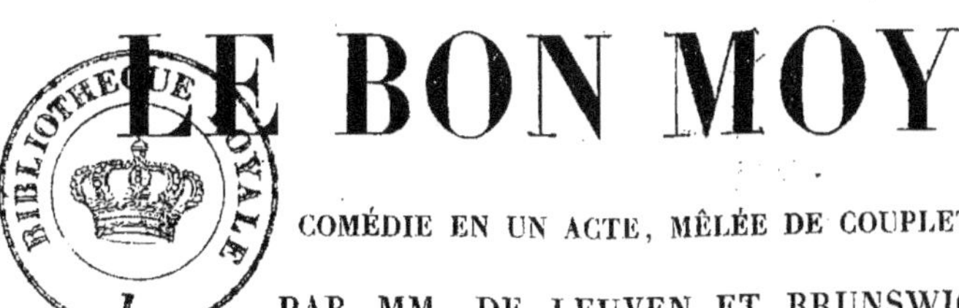

LE BON MOYEN,

COMÉDIE EN UN ACTE, MÊLÉE DE COUPLETS,

PAR MM. DE LEUVEN ET BRUNSWICK,

Représentée pour la première fois, sur le théâtre national du Vaudeville, le 4 août 1841.

DISTRIBUTION DE LA PIÈCE.

ARMAND DESGRANGES, avocat (30 ans).................... M. FÉLIX.
ERNEST GERFAUD, médecin (25 ans)...... .... M. DESBIRON.
Mᵐᵉ DORVILLIERS, veuve (32 ans)........................ Mˡˡᵉ BROHAN.
CÉCILE, sa fille (16 ans) .... Mᵐᵉ DOCHE.

(La scène se passe à Passy, chez Mᵐᵉ Dorvilliers.)

Un salon donnant de plain-pied sur le jardin. — Porte au fond, portes latérales. Table à gauche ; sur la table, des journaux.

SCÉNE I.

ERNEST, Mᵐᵉ DORVILLIERS.

Au lever du rideau, Mᵐᵉ Dorvilliers est assise à gauche de la table et fait de la tapisserie ; Ernest, debout, regarde attentivement dans le jardin.

Mᵐᵉ DORVILLIERS.

Ainsi, monsieur Ernest, vous avez passé votre thèse, et vous voilà reçu, docteur en médecine ? (Ernest ne répond pas et regarde toujours au fond.) Monsieur Ernest ! monsieur Ernest !

ERNEST, se retournant avec précipitation.

Pardon, madame... il est midi.

Mᵐᵉ DORVILLIERS.

Mais, monsieur, je ne vous demande pas l'heure.

ERNEST.

Je croyais avoir entendu...

Mᵐᵉ DORVILLIERS.

Oh ! vous n'en êtes pas aujourd'hui à votre première distraction... depuis que vous êtes arrivé, seule je fais les frais de la conversation... vous m'écoutez à peine !... Si je vous parle théâtre, vous répondez tribunaux... si je vous demande les couleurs à la mode, vous me dites : On va changer le ministère. Vos yeux se portent sans cesse vers le jardin... comme en ce moment encore... Mais quelle attraction y a-t-il donc de ce côté ?...

ERNEST.

Aucune, madame ; j'aime beaucoup les fleurs... les dahlias surtout... les vôtres sont magnifiques !..,

Mᵐᵉ DORVILLIERS, riant et se levant *.

Ah ! ah ! ah ! quelle peine vous prenez pour me donner le change !

ERNEST.

Le change, madame ?...

Mᵐᵉ DORVILLIERS.

Sans doute... Croyez-vous donc que je n'aie pas deviné ?... Vous êtes distrait auprès de moi... eh ! mon Dieu ! cela n'est-il pas naturel ?... Ce qui m'arrive est arrivé à ma mère lorsque j'étais demoiselle et que l'on songeait à me marier... les jeunes gens qui venaient chez nous étaient aimables, causeurs, charmans... lorsque j'étais là... Arrivaient-ils pendant mon absence, ils devenaient, auprès de ma mère, tristes, distraits, ennuyeux... Ça produit toujours cet effet-là !... Que voulez-vous, il faut de la philosophie lorsqu'on a une fille qui a seize ans... jolie, spirituelle...

ERNEST, vivement.

Comme Mˡˡᵉ Cécile !

* Ernest, Mᵐᵉ Dorvilliers.

Mme DORVILLIERS.

Comme Mlle Cécile, on doit renoncer aux vanités de ce monde, à ces petites jouissances d'amour-propre qui sont la vie d'une femme, et se dire : Ceux qui viennent chez moi, viennent parce que j'ai une fille à marier... ma présence les embarrasse, ma conversation les tyrannise... Ah ! monsieur Ernest, c'est une terrible position que celle-là ! et tout ce qu'une pauvre mère peut espérer, c'est de ne pas paraître trop insupportable aux soupirans.

ERNEST, entraîné.

Oh ! c'est bien vrai ! (Se reprenant.) Non... non... pardon, madame, c'est tout le contraire de ce que je voulais dire.

Mme DORVILLIERS.

Il faut se résigner, enfin, et répondre à ceux qui vous demandent : Comment vous portez-vous ? — Vous êtes bien bon, monsieur, ma fille se porte bien.

ERNEST.

C'est trop d'abnégation, madame, et vous acceptez bien vite un rôle secondaire.

Mme DORVILLIERS.

N'est-ce pas celui qui me convient désormais vis-à-vis de tous ceux qui me rendent visite ?

ERNEST, avec finesse.

Non, non, non... faisons une exception, je vous prie...

Mme DORVILLIERS.

Pour qui, monsieur ?

ERNEST.

Pour mon ami Armand Desgranges, l'espoir de notre barreau.

Mme DORVILLIERS.

Ah ! vous voilà encore avec vos étranges suppositions !

ERNEST, avec fatuité.

Oh ! pour nous autres docteurs, tout est diagnostic... un soupir, un regard, la joie de l'arrivée, le chagrin du départ... rien ne nous échappe... pas moyen de nous cacher un secret !... nous sommes les fléaux du mystère... C'est terrible ! c'est affreux !... c'est désolant ! mais que voulez-vous, c'est notre état !

Mme DORVILLIERS.

Eh bien ! pour cette fois, votre diagnostic est en défaut.

ERNEST.

Permettez-moi d'en douter, madame ; toutes les apparences me donnent raison.

Mme DORVILLIERS.

Les apparences ? parce qu'à la promenade il est toujours le premier à m'offrir son bras ?... parce qu'en traversant le jardin il cueille pour moi le plus joli bouquet ? qu'en sortant de Passy pour parcourir le bois, il m'aide à monter sur l'intéressant animal obligé de supporter notre mauvaise humeur et nos caprices à raison de trente sous l'heure ?... qu'il se place derrière lui, la houssine à la main, pour stimuler sa paresse, fruit de l'âge et de la mauvaise volonté ? Mon Dieu ! qu'est-ce que cela prouve !

ERNEST.

Comment, ce que cela prouve ? Mais, madame, ce sont là des preuves d'attachement, des preuves irrécusables, et si l'on me prouve que j'ai tort, en fait de science amoureuse je me déclare un écolier de septième.

Mme DORVILLIERS.

Trêve à toutes ces folies, monsieur Ernest, et veuillez bien ne communiquer à personne le résultat de vos profondes observations.

ERNEST.

Mais, après tout, quel mal y aurait-il ? vous êtes veuve, maîtresse de vos actions.

Mme DORVILLIERS.

Sans doute... mais je vous prie...

ERNEST.

Il suffit, madame, je me tairai, et j'espère que vous ne m'en voulez pas ?...

Mme DORVILLIERS.

Oh ! pas le moins du monde ; et, pour vous en convaincre, je veux abréger l'impatience que vous éprouvez auprès de moi... Ma fille, accompagnée de sa femme de chambre, est allée rendre visite à Mme Dumont, notre voisine... veuillez lui dire que je l'attends.

AIR : Ne raillez pas la garde citoyenne.

Je le permets, vite, allez à ma fille
Offrir, monsieur, l'appui de votre bras ;
N'êtes-vous pas l'ami de la famille ?
Ah ! bannissons la gêne et l'embarras.

ERNEST.

Déjà partir ! à mon cœur il en coûte,
Auprès de vous s'écoulent les instans ;
C'est un bonheur...

Mme DORVILLIERS, souriant.

            C'est un bonheur, sans doute,
Qu'il ne faut pas prolonger trop long-temps.

ENSEMBLE.

Mme DORVILLIERS.

Je le permets, etc.

ERNEST.

Vous le voulez ; je vais à votre fille,
Sans plus tarder, madame, offrir mon bras ;
Vous l'avez dit, ami de la famille,
Je veux bannir la gêne et l'embarras.

(Mme Dorvilliers sort par la droite.)

<hr>

SCÈNE II.

ERNEST, seul.

Excellente femme ! A la bonne heure ! elle comprend très bien qu'en l'absence de Mlle Cécile, malgré moi, je suis préoccupé, distrait, incapable de soutenir une conversation suivie... C'est une femme charmante que Mme Dorvilliers !... jeune encore, pleine de graces, d'esprit, recevant à merveille ; mais ce n'est pas pour elle que je viens. Courons vite chez Mme Dumont ! (Voyant entrer Desgranges.) Eh ! c'est ce cher Desgranges !

SCÉNE III.

DESGRANGES, ERNEST.

DESGRANGES, entrant par le fond.

Bonjour, Ernest ! tu sortais ?

ERNEST.

Oui, mon ami.

DESGRANGES.

Attends, du moins, que je te remette ces mille francs que j'ai perdus contre toi, hier, à la bouillotte.

ERNEST, voulant s'échapper.

Nous avons le temps de régler cela.

DESGRANGES.

Mais il n'y a donc personne ici ?

ERNEST.

Personne... Mme Dorvilliers, cependant...

DESGRANGES.

Tu appelles cela personne?... tu es aimable !...

ERNEST.

Ah ! dam ! vois-tu... Mlle Cécile n'y étant pas... heureusement qu'elle est ici près... je cours la chercher. Au revoir !

(Il sort vivement par le fond.)

SCÉNE IV.

DESGRANGES, seul.

Ah ! mon Dieu ! jusqu'à présent, je doutais encore... mais aujourd'hui j'en ai la certitude... Cet empressement d'aller retrouver Cécile.. il l'aime !... il l'aime ! Et s'il allait l'emporter sur moi ? Cécile ! elle qui m'est si chère ! elle en qui j'ai mis tout mon bonheur !... elle appartiendrait à un autre !... Mais non, non !... Ernest n'a pu se déclarer encore, et mon oncle doit venir ce matin demander pour moi à Mme Dorvilliers la main de sa fille... Cette démarche sera bien accueillie, je le crois... j'ai besoin de le croire !... D'ailleurs, Mme Dorvilliers m'estime... elle doit avoir un peu d'amitié pour moi... mes soins, mes égards, ont toujours été pour elle... Ah ! que je m'applaudis aujourd'hui de n'avoir pas fait comme tous les jeunes gens !... Veulent-ils obtenir la main d'une demoiselle ; à elle seule leurs prévenances, leurs politesses et

leurs complimens !... Les parens, ils leur adressent à peine la parole !... ils les considèrent comme ces vieux tableaux de famille, partie obligée du mobilier, mais auxquels on n'accorde plus la moindre attention... Qu'arrive-t-il?... Quand on fait la demande officielle, les parens ont le droit de vous dire : « Monsieur, vous nous faites beaucoup d'honneur ; mais nous ne vous connaissons pas... comment vous nommez-vous?... » Taudis que moi, auprès de Mme Dorvilliers, quelle différence !... Par amour pour Cécile, dans la crainte de la perdre, je me suis dévoué, je me suis presque sacrifié ; et, quand l'amour m'entraînait vers Cécile, la raison me ramenait vers sa mère.

AIR des deux Voleurs.

Plus d'ennuis,
De soucis !
Oui, j'aurai,
J'obtiendrai
Celle qui m'est si chère !
J'ai su plaire
A sa mère,
Et mon art sans égal
Fera fuir un rival !
Oui, l'hymen en ces lieux
Viendra combler mes vœux.
Pour obtenir celle qu'on aime,
Ah ! voilà le meilleur système !
Je le maintiens,
Je le soutiens,
Oui, c'est le vrai moyen,
Le moyen d'arriver à bien ;
A vous seuls soins constans,
Grands papas, grands mamans !

SCÈNE V.

DESGRANGES, Mme DORVILLIERS.

Mme DORVILLIERS, rentrant par la droite.

Que vois-je ? vous ici, monsieur Desgranges ! seul, et l'on ne m'annonce pas votre arrivée !

DESGRANGES.

J'ai défendu à vos gens de vous déranger, madame, et puisque vous voulez bien m'accorder le titre d'ami, je vous prie d'agir toujours sans façon avec moi... d'ailleurs je n'étais pas seul ici.

Mme DORVILLIERS, regardant autour d'elle.

Comment?

DESGRANGES.

Votre souvenir était là... il me tenait compagnie en votre absence.

Mme DORVILLIERS, entrant par la droite.

Toujours galant !

DESGRANGES.

Toujours sincère !

Mᵐᵉ DORVILLIERS.

Tant mieux ! le temps vous paraîtra plus court auprès de moi... Du reste, ma fille sera dans un instant ici ; j'ai prié M. Ernest d'aller la prévenir.

DESGRANGES, un peu contrarié.

C'est vous qui l'avez envoyé ?

Mᵐᵉ DORVILLIERS.

Oui... un peu par charité.

DESGRANGES.

Comment ?

Mᵐᵉ DORVILLIERS, souriant.

Il avait l'air si malheureux d'être obligé de me tenir compagnie, que j'ai voulu abréger son martyre.

DESGRANGES.

Vous pensez, madame ?

Mᵐᵉ DORVILLIERS.

'Ma société ne le charme guère, il préfère celle de ma fille.

DESGRANGES.

Ah ! madame, se peut-il ?

AIR : De sommeiller encore, ma chère.

Un bel ouvrage, d'ordinaire,
Comble de gloire son auteur,
Chacun s'empresse de lui plaire,
On le recherche avec ardeur.

Mᵐᵉ DORVILLIERS.

J'auvre maman d'une fille accomplie,
Ton destin est bien moins flatteur :
Plus ton œuvre paraît jolie,
Plus elle fait de tort à son auteur.

DESGRANGES, à part, avec joie.

Bien... bien... Ernest se perd par sa maladresse. (Haut, avec chaleur.) En vérité, madame, cette robe vous sied à ravir... vous avez un goût pour le choix des étoffes !

Mᵐᵉ DORVILLIERS.

Je n'accepterai pas vos éloges, ils ne m'appartiennent pas ; cette mousseline, c'est ma fille qui me l'a donnée.

DESGRANGES.

Oui, mais c'est vous qui avez su en tirer le parti le plus gracieux... la disposition, l'élégance de la coupe, ce je ne sais quoi qui met un prix à la chose la plus simple, voilà ce qui ne se donne pas... voilà ce qui vous appartient !

Mᵐᵉ DORVILLIERS.

Quelle chaleur ! quel enthousiasme, à propos d'une robe !

DESGRANGES.

Que voulez-vous, madame, je sens vivement : je me déclare le plus dévoué, le plus ardent de vos admirateurs, il faut que vous m'acceptiez comme cela !

Mᵐᵉ DORVILLIERS, à part.

Mon Dieu ! mais Ernest aurait-il raison ?

SCÈNE VI.

LES MÊMES, ERNEST, CÉCILE *, entrant par le fond.

(Mᵐᵉ Dorvilliers s'assied ; Ernest est entraîné par Cécile à qui il donne le bras.)

CÉCILE.

AIR des Diamans de la Couronne.

Mais venez donc vite,
Vous ne marchez pas !
La lenteur m'irrite,
Pressez donc le pas !
Ou bien j'imagine,
Sans vous offenser,
Que la médecine
Ne peut avancer.

ERNEST.

En vain tout m'invite
A suivre vos pas...
Vous marchez trop vite,
Je succombe, hélas !
Votre humeur taquine
Ignore, en ce cas,
Que la médecine
Marche à petits pas.

(Se jetant essoufflé sur le fauteuil de droite.) Je n'en puis plus ! Figurez-vous, madame, que ces demoiselles m'ont fait courir !... mais courir !... J'avais beau crier... demander grace... impitoyables !... elles ont transformé un docteur de la Faculté en véritable locomotive.

CÉCILE.

Aussi, votre air essoufflé nous a bien fait rire !... Ah ! maman, combien je regrette que tu ne sois pas venue partager notre gaîté !

Mᵐᵉ DORVILLIERS.

Votre gaîté ! elle est bien bruyante... et demande trop d'agilité à mon âge !

CÉCILE.

Ah ! maman !

DESGRANGES, se récriant.

Votre âge, madame ! votre âge !

ERNEST. **

Le fait est que madame a raison ; si tu avais vu ces demoiselles s'élancer, sauter, bondir ; fossés, buissons, palissades, rien ne les arrêtait ! de vraies gazelles ! Ah ! l'heureux âge ! c'est la plus belle époque de la vie d'une femme !... *** c'est la seule ! la raison est déjà venue, mais elle n'a pas encore glacé les élans du cœur... les illusions sont là, jeunes, toutes-puissantes pour combattre la triste réalité de la vie !... le passé n'offre rien de regrettable, et l'avenir se présente enivrant, coloré, en-

* Desgranges, Mᵐᵉ Dorvilliers, Cécile, Ernest,
** Desgranges, Cécile, Mᵐᵉ Dorvilliers, Ernest.
*** Desgranges, Mᵐᵉ Dorvilliers, Ernest, Cécile.

chanteur ! A cet âge, l'ingratitude et l'égoïsme paraissent autant de romans et de fictions, l'ame ne veut croire qu'à ce qu'il y a de beau, de noble, de généreux ! Ah ! le bel âge ! l'heureux âge !... Vraiment, une femme n'existe que de quinze à vingt-cinq ans.

DESGRANGES.

Quel blasphême ! peut-on raisonner ainsi ! Sans doute cet âge a de douces prérogatives, j'en conviens ; mais il en est un autre qui lui succède, et qui, peut-être, a plus d'attraits encore... A cet âge, tous les nobles sentimens ne sont pas dus à un mouvement spontané ou irréfléchi... ils sont le fruit d'un bon cœur, éclairé par une jeune expérience ; l'esprit est cultivé, fertile... la grace brille dans tout son éclat ; la beauté qui s'adresse à tous les regards, s'est développée comme celle de l'ame ! Enfin, on a assez vécu pour apprendre à charmer, mais pas encore assez pour ne plus séduire.

Mme DORVILLIERS.

Très bien ! très bien ! monsieur Desgranges, et je vous remercie au nom des femmes de cet âge. Ah ! il est beau de se faire l'avocat du malheur !

DESGRANGES, avec galanterie.

La cause est trop belle pour ne pas être gagnée.

CÉCILE, à part, avec dépit, en regardant Desgranges

Qu'a-t-il donc ? quel changement ! (Mme Dorvilliers se lève.) Depuis quelque temps, pour moi pas un mot, pas un regard !

Mme DORVILLIERS.

Ah ! ça, messieurs, vous nous restez à dîner, c'est convenu ; je vais m'occuper de notre dessert et mettre à contribution les espaliers du jardin... mais il me faut un cavalier... monsieur Ernest !

ERNEST.

Certainement, madame, je m'empresse... (Ils font quelques pas vers la porte. — Jetant un cri.) Ah !

Mme DORVILLIERS.

Qu'avez-vous ?

ERNEST.

Figurez-vous, madame, qu'en courant avec ces demoiselles, je me suis heurté le pied contre une racine de sycomore... je n'y ai pas fait attention d'abord... mille pardons... mais je suis obligé de m'asseoir... (Il s'assied.)

DESGRANGES.

Madame, je réclame la faveur dont il ne peut pas profiter.

CÉCILE *.

Non, maman, non, je ne souffrirai pas que tu ailles t'exposer à ce grand soleil... moi, je ne le crains pas... je suis acclimatée... d'ailleurs, avec mon chapeau de paille...

ERNEST, se levant avec vivacité.

Oui, oui, partons ! c'est moi qui monterai à l'échelle.

* Desgranges, Mme Dorvilliers, Cécile, Ernest.

Mme DORVILLIERS, le retenant.

Comment ! y pensez-vous ? et cette racine de sycomore ? cette vive douleur ?...

ERNEST, embarrassé.

Ah ! oui, oui, la douleur... c'est ce que, nous autres docteurs, nous appelons une aponévrose... ça vient et ça part...

Mme DORVILLIERS, souriant.

A volonté...

ERNEST.

C'est une maladie bien bizarre !

Mme DORVILLIERS.

Allons, Cécile, tu as deux cavaliers !

DESGRANGES.

Permettez-moi, madame, de ne pas vous quitter.

CÉCILE, à part, regardant Desgranges.

Mais quelle froideur !

DESGRANGES.

D'ailleurs, nous avons à causer ; j'ai vu le président du tribunal qui doit prononcer dans votre procès.

ERNEST.

C'est ça ! c'est ça ! l'ami Desgranges tiendra compagnie à madame, et nous, nous allons ravager les arbres fruitiers.

ENSEMBLE.

AIR du Pré aux Clercs.

Aux arbres du jardin
Allons faire la guerre,
Et revenons soudain
Avec riche butin.

(L'orchestre répète l'air piano. Ernest et Cécile sortent par le fond ; Mme Dorvilliers les suit un instant des yeux.)

SCÈNE VII.

Mme DORVILLIERS, DESGRANGES.

DESGRANGES, à part.

Ce diable d'Ernest, il m'inquiète ! il est d'un empressement !... et mon oncle qui n'arrive pas !... En attendant, assurons-nous que madame Dorvilliers...

Mme DORVILLIERS, redescendant la scène.

Ainsi, monsieur Desgranges, vous dites avoir vu le président ?

DESGRANGES.

Oui, madame, et je crois qu'il comprend maintenant la justice de notre cause.

Mme DORVILLIERS.

Merci, monsieur Desgranges, merci !... croyez aussi que je sens tout le prix de pareils services... Ah ! je ne m'estimerai heureuse que lorsque j'aurai pu les reconnaître. Voilà près d'un an que vous donnez votre temps et vos soins à cette ennuyeuse affaire, et votre zèle ne s'est pas ralenti d'un instant... Vraiment, on ne défendrait pas sa propre cause avec plus de courage et de chaleur !

DESGRANGES, avec modestie.

C'est ce que me disait hier encore le président... Pardon, madame, mais si je rapporte ses paroles, c'est moins pour me faire un mérite à vos yeux, que pour vous prouver mon ardeur à vous servir... « En vérité, monsieur Desgranges, me disait-il, je n'ai jamais vu d'avocat embrasser les intérêts de son client avec cette conviction et cet entraînement. . Êtes-vous attaché à cette famille, ou quelque lien de parenté?... — Non, monsieur, ai-je répondu, je n'ai que le titre d'ami... — Et vous en ambitionnez un plus doux ? » a-t-il répondu.... Mon embarras fut grand, et je suis certain qu'à mon émotion le président aura vu qu'il avait deviné juste.

Mᵐᵉ DORVILLIERS, avec émotion.

Ah ! vous croyez...

DESGRANGES.

Pardon, madame, je n'ai pas été maître de cacher mon trouble.

Mᵐᵉ DORVILLIERS, à part.

Allons, Ernest ne s'était pas trompé.

DESGRANGES.

Soyez indulgente, madame, et conservez-moi toujours votre bienveillance.

Mᵐᵉ DORVILLIERS.

Mais vous n'avez rien fait pour la perdre; au contraire !...

DESGRANGES, vivement.

Au contraire !...

Mᵐᵉ DORVILLIERS.

Votre position sociale, votre talent, l'honorable famille à laquelle vous appartenez, tout doit vous permettre d'aspirer...

DESGRANGES, avec chaleur.

Ah ! madame, l'assurance que vous me donnez me comble de joie ! Mon oncle doit venir aujourd'hui même...

Mᵐᵉ DORVILLIERS, regardant au fond.

Voici ma fille.

DESGRANGES.

Je vous laisse, madame. (A part.) Bien... bien, elle va parler à Cécile !

(Il sort et salue Cécile qu'il rencontre au fond.)

ᴑᴑᴑ

SCÈNE VIII.

CÉCILE, Mᵐᵉ DORVILLIERS.

CÉCILE, avec émotion.

Ah ! c'est toi; je te cherchais !

Mᵐᵉ DORVILLIERS.

Quelle agitation ! que t'est-il arrivé?

CÉCILE.

C'est M. Ernest !... si tu savais !...

Mᵐᵉ DORVILLIERS.

Quoi donc? parle vite !

CÉCILE.

Figure-toi que tout à l'heure, dans l'allée des acacias, il se met à marcher très vite, revient sur ses pas, me regarde, s'éloigne encore, fait de grands gestes, puis, se rapprochant de nouveau, tombe à mes genoux en s'écriant : « Mademoiselle, j'ai vingt-cinq ans... je suis docteur en médecine... j'ai peu de malades encore... mais j'ai beaucoup d'amour... cet amour ne peut diminuer, et ma clientèle doit s'accroître !... Voilà deux raisons qui, je l'espère, vous feront accepter l'offre de ma main ! »

Mᵐᵉ DORVILLIERS.

Et qu'as-tu répondu?

CÉCILE.

Moi? rien !... je suis restée d'abord tout interdite, puis j'ai eu peur, et je me suis sauvée précipitamment.

Mᵐᵉ DORVILLIERS.

Mais c'est une déclaration dans les formes, une demande en mariage, un peu brusque, sans doute; mais, après tout, ce jeune homme est bien né, sa profession est honorable. Voyons, Cécile, c'est à toi de te consulter. Aimes-tu M. Ernest?

CÉCILE, se récriant.

Ah ! maman !

Mᵐᵉ DORVILLIERS.

As-tu de l'aversion pour lui?

CÉCILE.

Ah ! maman !

Mᵐᵉ DORVILLIERS.

Alors, me voilà fort embarrassée... à moins que tu ne veuilles me cacher?

CÉCILE.

Quoi donc?

Mᵐᵉ DORVILLIERS.

L'état de ton cœur... Cependant, tu pourrais t'abuser toi-même sur tes secrets sentimens... Voyons, quand M. Ernest arrive, éprouves-tu quelque émotion, quelque trouble?

CÉCILE, naïvement.

Je ne m'en suis pas aperçue.

Mᵐᵉ DORVILLIERS.

Sa conversation te plait-elle?

CÉCILE.

Non, pas beaucoup; quelquefois cependant il me fait rire.

Mᵐᵉ DORVILLIERS.

Et quand il s'éloigne, éprouves-tu quelque ennui, quelque regret?

CÉCILE.

Quand l'heure de nous quitter est arrivée, il me semble tout naturel qu'il s'en aille.

Mᵐᵉ DORVILLIERS, souriant.

Allons, je vois que ton cœur est resté libre.

CÉCILE.

Ainsi, ma bonne petite mère, si son arrivée me troublait, si sa conversation me plaisait plus que toute autre, enfin, si son départ me faisait de la peine...

Mme DORVILLIERS.

Ce serait de l'amour, mon enfant !

CÉCILE.

De l'amour ? (A part.) Oh ! mon Dieu ! mais alors...

Mme DORVILLIERS.

Puisqu'il en est ainsi, je saurai faire comprendre à M. Ernest, et avec tous les égards qu'il mérite, que sa demande n'est pas accueillie... Vois-tu, Cécile, en fait d'hymen, je n'approuve pas ce positif glacial de notre époque, et je soutiens qu'à ton âge, pour être heureuse, il faut, avec sa dot, apporter à son mari au moins un peu d'amour !... il embellit les premières années, et en s'éteignant, il laisse pour souvenir un doux reflet sur l'amitié qui lui succède... il la rend plus tendre et plus durable encore. Laissons, quand il se peut, la jeune fille n'écouter que son cœur. C'est à l'expérience, à la femme qui connait le monde, de ne pas craindre pour elle-même un mariage conseillé par la seule raison.

CÉCILE.

Ah ! maman, quel plaisir tu me fais en parlant ainsi !... comme tu es bonne ! Tu dis qu'une jeune fille peut écouter son cœur ?... Eh bien ! j'aurais une confidence à te faire.

Mme DORVILLIERS.

Et moi aussi !

CÉCILE.

Ah ! alors chacune à son tour... commence, ça me donnera du courage.

Mme DORVILLIERS.

Tandis que tout à l'heure, au jardin, M. Ernest te demandait ta main, une autre personne, ici, me faisait comprendre qu'elle s'estimerait heureuse d'obtenir la mienne.

CÉCILE, inquiète.

Et qui donc ?

Mme DORVILLIERS.

M. Desgranges !...

CÉCILE.

Lui !...

Mme DORVILLIERS.

Je sais bien qu'il ne doit pas avoir toutes les sympathies... il s'est toujours montré peu empressé auprès de toi ; mais je puis te répondre que tu trouveras en lui un ami sûr et véritable.

CÉCILE.

Et tu as répondu ?...

Mme DORVILLIERS, souriant.

Rien de positif ; mais je crois bien qu'il a compris que sa demande serait prise en considération.

CÉCILE, à part.

Plus d'espoir !

Mme DORVILLIERS.

Mais toi ?... voyons cette confidence ?...

CÉCILE.

Ah ! cette confidence... Eh bien ! maman, je te trompais... je ne sais pourquoi, mais je te cachais la vérité... M. Ernest...

Mme DORVILLIERS.

Eh bien ?

CÉCILE, avec effort.

Je l'aime !

Mme DORVILLIERS.

Tu l'aimes ?... Alors pourquoi tout à l'heure dissimuler avec moi ?... On a bien raison de dire que le cœur d'une jeune fille est inexplicable.

CÉCILE.

Mais si M. Ernest demande une réponse ?...

Mme DORVILLIERS.

Avant tout, nous consulterons M. Desgranges. Au point où nous en sommes, c'est presque un devoir de lui faire part de la demande d'Ernest... c'est son ami d'enfance, il nous guidera aujourd'hui... Je te laisse, Cécile, j'ai quelques papiers à signer que M. Desgranges doit emporter ce soir ; si tu le vois, dis-lui que je l'attends dans la bibliothèque... Ah ! ça, une autre fois, mon enfant, un peu plus de franchise... Je ne veux que ton bonheur !... Au revoir, Cécile !

(Elle l'embrasse au front et sort par la porte de gauche.)

○○ ○○

SCÈNE IX.

CÉCILE, seule.

Mon bonheur !.,. il n'en est plus pour moi... Mais dans mon dépit, dans ma douleur, j'ai dit que je voulais me marier ! j'ai eu tort !... Non, non, c'est le seul moyen de quitter cette maison où je ne peux plus vivre désormais.

AIR :

Du plus heureux destin
J'étais orgueilleuse et fière !
Le bonheur me tendait la main,
C'était un songe, une douce chimère :
Car plus d'hymen,
Plus de tendres projets et d'avenir qui brille !
Hélas ! tout est venu trahir mon plus doux vœu !
Rêves de jeune fille,
Il faut vous dire adieu !

(Elle s'assied.)

SCÈNE X.

ERNEST, CÉCILE.

ERNEST, à part, regardant Cécile.

La voilà préoccupée !... elle pense à la brûlante déclaration que je lui ai faite... Il s'agit de savoir maintenant l'effet que j'ai produit, car elle s'est sauvée en me laissant à genoux. (Haut.) Mademoiselle ?

CÉCILE, comme sortant d'une profonde rêverie, se levant.

Ah ! c'est vous ?

ERNEST, timidement.

Oui, je viens chercher la réponse.

CÉCILE.

Laquelle ?

ERNEST.

Vous savez bien... tout à l'heure, allée des acacias, à côté du petit banc... près de la statue de Pomone ?

CÉCILE.

Oui... j'ai parlé à ma mère.

ERNEST, avec crainte.

Et il n'y faut plus songer ?

CÉCILE.

Elle n'a pas dit cela.

ERNEST, transporté.

Elle consent à nous unir ?

CÉCILE.

Elle n'a pas dit cela.

ERNEST.

Mais alors, qu'a-t-elle dit, Mme Dorvilliers ?

CÉCILE.

On veut consulter M. Desgranges.

ERNEST.

Desgranges !... Et pourquoi ça ?

CÉCILE, avec effort.

Ah ! c'est que de son côté, il a fait une demande à ma mère.

ERNEST, effrayé.

Il a demandé votre main ?

CÉCILE.

Oh ! non, pas la mienne.

ERNEST.

Ah ! j'y suis ! très bien ! très bien !... je m'en doutais depuis long-temps... Ah ! mon ami sera mon beau-père ? Tant mieux ! on peut alors le consulter sur mon compte... je ne crains rien. Soyez sans inquiétude, Mlle Cécile, il sera enchanté de m'avoir pour beau-fils... Quelle perspective de joie et de félicité !... allons-nous être heureux !

CÉCILE, ne pouvant retenir ses larmes.

Je l'espère... pardon, si mon émotion...

ERNEST.

Votre émotion ?... elle me ravit, me transporte... Un autre à ma place serait effrayé... mais, moi...

Ah ! tenez, j'ai vu se marier trois de mes cousins !... trois mariages d'amour ! ils sont enchantés de leur sort !... Eh bien !... il fallait voir leurs femmes le jour des noces !... les parens, les témoins, les amis, tout le monde sanglottait. C'est toujours comme ça.

AIR de l'Avare.

A la demande en mariage
La jeune fille a des vapeurs,
Et lorsque le contrat l'engage,
Que de sanglots, que de terreurs !
A l'autel quel torrent de pleurs !
Oui, voilà la marche suivie,
Et l'on ne serait pas content
Si l'on n'était pas larmoyant
Dans le plus beau jour de la vie !

CÉCILE.

Je vous laisse, monsieur, car il m'est impossible...

ERNEST, à Cécile qui sort par la gauche.

Oui, ma Cécile ! pleurez, pleurez. Précieuses larmes ! vous êtes pour moi la garantie d'un demi-siècle de bonheur !

SCÈNE XI.

ERNEST, seul.

Allons, allons, il ne s'agit plus que de fixer le jour des noces !... plus d'obstacles !... j'ai la mère pour moi... la fille m'adore !... Quant à Desgranges, pure formalité !... Va-t-il être content !

SCÈNE XII.

ERNEST, DESGRANGES.

DESGRANGES, à part.

Je suis inquiet de savoir si Mme Dorvilliers a fait part à Cécile... (Haut.) Te voilà, cher ami !

ERNEST.

Oui, cher ami, ou plutôt... (Prenant un air respectueux.) oui, monsieur !

DESGRANGES.

Que signifie ce ton grave et solennel ?

ERNEST.

Il est de circonstance... monsieur Desgranges...

DESGRANGES.

Monsieur Ernest ?...

ERNEST.

Vous connaissez ma famille, vous me connaissez aussi... vous savez quelle est la pureté de mes mœurs.

DESGRANGES, souriant.

Mais, dis-moi donc...

ERNEST.

Permettez... je n'ai pas fini... Studieux, laborieux et rangé, j'ai toujours fui le contact impur d'une société corruptrice... Tous mes plaisirs ont été innocens et chastes, et jamais je n'ai passé une nuit loin de mon toit.

DESGRANGES.

Ah ! ça, voyons...

ERNEST.

Permettez, je n'ai pas fini... Sur la modique pension que m'allouait ma famille, j'ai su faire de notables économies, jamais un de mes fournisseurs ne m'a rencontré sans m'ôter poliment son chapeau... j'ai l'amitié de mon propriétaire et l'estime de mon tailleur.

DESGRANGES.

Mais où diable tend ce panégyrique ?

ERNEST.

Permettez, je vais finir... Monsieur Desgranges, j'ai l'honneur de vous demander la main de Mlle Cécile Dorvilliers.

DESGRANGES.

A moi ?

ERNEST.

Sans doute.

DESGRANGES.

Quelle est cette plaisanterie ?

ERNEST.

Je ne ris pas !

DESGRANGES.

Mais je ne suis pas le maître d'accorder...

ERNEST.

Pardon !

DESGRANGES.

Encore une fois !...

ERNEST.

Allons donc, allons donc ! cher beau-père...

DESGRANGES, étonné.

Beau-père !

ERNEST.

Mais on sait tout... vous avez demandé la main de Mme Dorvilliers, et quand Cécile lui a fait part de mon amour, elle a répondu qu'il faudrait vous consulter, vu votre position future de chef de famille.

DESGRANGES.

Me consulter, moi !

ERNEST.

Eh bien ! oui, te consulter, toi !

DESGRANGES, à part.

Oh ! mon Dieu ! que dit-il ? il se pourrait, Mme Dorvilliers aurait pris pour elle ?...

ERNEST.

Avoir le consentement de Desgranges, me suis-dit, mais c'est la chose du monde la plus facile... Nous sommes liés dès l'enfance, nés dans la même ville, à Romorantin, nos deux familles n'en font qu'une... de bons amis comme nous !...

DESGRANGES, toujours à part, avec douleur.

Mais s'il en est ainsi, mon bonheur, mon avenir, tout est détruit !

ERNEST, à part, regardant Desgranges.

Il se consulte... laissons-le faire !... un mariage, c'est grave !... Non pas que je craigne... (Il remonte un peu au fond.)

DESGRANGES, à part.

J'ai beau chercher... impossible d'échapper au malheur qui m'accable !... Faire connaître la méprise à Mme Dorvilliers... Oh ! ce serait blesser son amour-propre !... elle est jeune encore et ne me pardonnerait pas... Cécile est perdue pour moi.*

ERNEST, à part.

Il me semble que je lui laisse le temps... (Haut.) Dis donc, cher ami, tu réfléchis ?... C'est pour la forme !... au fond tu es ravi d'assurer ma félicité ! D'ailleurs, tu me dois cela, car, ce matin, j'ai contribué à la tienne.

DESGRANGES.

A la mienne ?

ERNEST.

Oui... dans ce salon... avant que tu n'arrivasses, j'étais avec Mme Dorvilliers... nous parlions de toi !... elle ne voulait pas croire à ton amour !... Oh ! mais, j'ai insisté !... tes soins, tes prévenances pour elle, j'ai tout fait valoir !... j'ai été d'une éloquence !... Enfin, tu le vois, grace à moi, grace à moi seul, tu l'emportes !

DESGRANGES, à part, avec colère.

Ah ! c'est toi qui es la cause de cette fatale erreur !

ERNEST.

Ah ! ça, Desgranges, cher beau-père, voyons,** quel jour aura lieu mon mariage ?

DESGRANGES.

Jamais, monsieur... jamais, si cela dépendait de moi.

ERNEST, stupéfait.

Hein ?... Et par quel motif ?

DESGRANGES.

J'en ai mille, monsieur. Vous confier le bonheur et l'avenir de Cécile !... à vous, le cœur le plus froid, le plus insouciant, le plus égoïste ! Non, non !... Mais les liens de famille ne sont rien à vos yeux ! Vos parens vous écrivent lettres sur lettres pour que vous alliez les voir... Eh bien ! vous restez sourd à leur tendresse !

ERNEST.

Par exemple ! tu m'as supplié d'attendre pour partir avec toi.

DESGRANGES.

Vous êtes un mauvais citoyen... quelles ruses, quelles supercheries n'avez-vous pas employées pour vous soustraire au paiement de vos impositions !

* Ernest, Desgranges.
** Desgranges, Ernest.

ERNEST.

Mais, c'est toi qui m'as conseillé...

DESGRANGES.

Et puis, vous avez un défaut ! que dis-je , un vice ! la passion du jeu ! Hier encore !... à la bouillotte !... comme un joueur effréné, vous alliez... vous alliez !...

ERNEST.

Mais rappelle-toi donc !... je ne voulais exposer que les sommes les plus modestes, cinq sous la fiche, c'est toi qui m'as poussé...

DESGRANGES.

Pour vous éprouver, monsieur, pour savoir à quoi m'en tenir !... Tenez, voilà les mille francs que je vous dois... c'est un argent que je ne regrette pas, puisque, grace à lui, je connais vos mauvais penchans.

ERNEST.

Voyons, Desgranges, tu ne parles pas sérieusement ?

DESGRANGES.

Si fait , monsieur. Je verrai Mme Dorvilliers, et, puisque l'on veut bien me consulter, mon honneur exige que je ne trahisse pas cette confiance ! (A part.) Allons, si Cécile ne peut plus être à moi, je tâcherai du moins qu'il ne l'obtienne pas, c'est une consolation.

ERNEST, tombant sur un fauteuil.

Je ne me soutiens plus, je suis anéanti !...

DESGRANGES, qui a réfléchi, à part.

Oui, c'est cela... empêcher ce maudit mariage, et puis, dès demain, partir pour rejoindre ma famille... De là-bas, j'écrirai à Mme Dorvilliers que mon père avait d'autres vues sur moi... que notre union est impossible.

ERNEST, à lui-même.

Je crois rêver, ma parole d'honneur !

DESGRANGES, à part.

Envoyons à l'instant un domestique me retenir une place pour Romorantin... Pourvu que mon oncle n'aille pas arriver maintenant !

ERNEST.

Cependant, mon ami ?...

DESGRANGES.

Jamais, monsieur, jamais ! Vous êtes un mauvais citoyen !

(Il sort vivement par le fond.)

SCÈNE XIII.

ERNEST, assis, puis Mme DORVILLIERS, CÉCILE.

ERNEST.

Croyez donc aux amis ! voyez... certainement je ne devais pas m'attendre... il a perdu la tête... Me refuser, moi ! pourquoi ? Je le demande !... car enfin, récapitulons... je suis jeune... assez gentil... (En ce moment, Mme Dorvilliers et Cécile paraissent et le regardent avec étonnement.) On m'accorde de l'esprit !... je suis docteur en médecine, et je chante l'italien... Eh bien ! non !*

Mme DORVILLIERS, riant.

Que faites-vous donc là ?

ERNEST.

Madame, vous voyez un homme furieux... désespéré !

Mme DORVILLIERS.

Et pourquoi, bon Dieu ?

ERNEST.

Pourquoi ? ça vient de se passer ici, à l'instant même, devant moi, et j'ai de la peine à y croire !

Mme DORVILLIERS.

Mais encore ?...

ERNEST.

M. Armand Desgranges, à qui j'ai fait part de mes projets d'avenir, ne s'avise-t-il pas de me déclarer qu'il vous parlera, madame, et qu'il fera tout au monde pour mettre des obstacles à mon honheur ?

CÉCILE, à part, avec joie.

Qu'entends-je ?

Mme DORVILLIERS.

Mais quel motif vous a-t-il donné ?

ERNEST.

Aucun, madame, des calomnies...

Mme DORVILLIERS.

Venez avec moi rejoindre M. Desgranges, vous serez bientôt convaincu...

CÉCILE, bas, en la tirant par sa robe.

Maman, reste, oh ! n'y va pas, n'y va pas.

Mme DORVILLIERS, à part, en la regardant.

Que signifie ?...

ERNEST.

Allons, madame, acceptez mon bras !

Mme DORVILLIERS.

Pardon, monsieur Ernest, je voudrais rester un instant avec Cécile.

ERNEST.

Je vous attends dans le jardin.

(Il sort par le fond.)

SCÈNE XIV.

Mme DORVILLIERS, CÉCILE.

Mme DORVILLIERS.

Nous voilà seules, voyons, pourquoi me retenir ?

CÉCILE.

Ah ! maman ! je suis bien malheureuse !

Mme DORVILLIERS.

Toi ?...

CÉCILE.

Depuis une heure, j'ai peine à retenir mes san-

* Ernest, madame Dorvilliers, Cécile.

glots... mon cœur est brisé... je veux et ne veux
pas... ma tête se perd !

Mᵐᵉ DORVILLERS.

Mais tu m'effraies... mon enfant! ma Cécile !...
parle !

CÉCILE.

Oh! je n'oserai jamais !

Mᵐᵉ DORVILLIERS.

Que se passe-t-il donc? Voyons, Cécile, tu connais ma tendresse, tu sais combien elle s'alarme
facilement... aie pitié de ta mère !

CÉCILE.

Eh bien !... mon mariage, maman, je t'en prie...
qu'il n'ait pas lieu, je serais trop à plaindre !

Mᵐᵉ DORVILLIERS, étonnée.

Que dis-tu là... M. Ernest?...

CÉCILE.

Je ne l'aime pas !

Mᵐᵉ DORVILLIERS, avec sévérité.

Cécile, cette conduite, cette irrésolution, c'est
mal ! Donner de l'espoir à un honnête homme,
accueillir sa recherche, me laisser presque m'engager, et puis tout rompre par un caprice d'enfant !

CÉCILE.

Oh ! ne me gronde pas, maman ! vois-tu, j'ai
cru échapper à mon désespoir en acceptant M. Ernest pour époux, j'ai cru avoir la force d'accom-
plir ce sacrifice ; cette force, elle m'abandonne.

Mᵐᵉ DORVILLIERS, la regardant fixement.

Un sacrifice? Cécile ! tu en aimes un autre ? (Cécile toute confuse baisse les yeux:) Eh bien ! parle...
ma fille, j'en suis certaine, n'a pas pu faire un choix
indigne d'elle; j'attends qu'elle me nomme...

CÉCILE, tombant à genoux.

Ah! maman, pardonnez-moi !

Mᵐᵉ DORVILLIERS, la relevant.

J'ai tout compris !

AIR : Renaud de Montauban.

Quoi! se peut-il, ah ! malheureuse enfant ?
Il est trop tard, hélas ! que puis-je faire ?...
Ne suis-je pas engagée à présent ?
Et puis ses soins, ses égards m'ont su plaire.

CÉCILE.

Tu l'aimerais! eh bien ! moi, pour toujours
Je partirai...

Mᵐᵉ DORVILLIERS.

Toi, ma fille si chère !
Non, plus d'hymen !

CÉCILE.

Ah ! l'amour d'une mère
Efface les autres amours ;
C'est le premier, le plus saint des amours !

N'importe ! laisse-moi m'éloigner, je suis un
obstacle à ton bonheur !

Mᵐᵉ DORVILLIERS.

Mon bonheur ! mais, après tout, je ne voyais
dans cette union qu'un mariage de convenances,
honorable pour tous! Mais ton bonheur, ta tranquillité, voilà le seul but de ma vie !

CÉCILE.

Ma bonne mère !

Mᵐᵉ DORVILLIERS.

Cécile, pour ton repos, il ne faut plus songer...
tu m'entends?...

CÉCILE.

Je tâcherai !...

Mᵐᵉ DORVILLIERS.

Ma tendresse t'aidera ! mes conseils... Tiens,
mieux que cela... nous voyagerons... la distraction, les émotions nouvelles, te feront oublier, je
l'espère...

CÉCILE.

Oublier, je ne crois pas...

Mᵐᵉ DORVILLIERS.

On pense toujours cela !... quand arrive un chagrin, le cœur vous dit que rien ne pourra l'effa-
cer !... Heureusement, le temps fait mentir le
cœur ! Nous partirons dès demain... Partir ! oui...
Mais, avant tout, il faut me dégager, voilà le difficile ! les choses sont si avancées !... Cette démarche d'Ernest auprès de M. Desgranges, c'est un
consentement de ma part... j'ai beau chercher, je
ne vois pas de bonnes raisons à donner. (Aperce-
vant Desgranges.) Le voilà !* je suis fort embarrassée... Laisse-nous, mon enfant !

CÉCILE.

Tu me pardonnes, n'est-ce pas ?

Mᵐᵉ DORVILLIERS, embrassant.

Oui... à bientôt !

(Cécile sort par la gauche.)

ooooooooooooooooooooooooooooooooooooooooooooooooooooooooo

SCÈNE XV.

Mᵐᵉ DORVILLIERS, DESGRANGES.

Mᵐᵉ DORVILLIERS, à part.

Que dire? Ce pauvre jeune homme ! quel sera
son chagrin !... il m'aime... et cependant il le faut !

DESGRANGES, à part.

Il s'agit de prendre congé !... Comment justi-
fier ?... Je crains sa douleur... Allons, allons, du
courage. (Haut, avec embarras.) Madame...

Mᵐᵉ DORVILLIERS.

Monsieur !... (A part.) C'est très gênant.

DESGRANGES, à part.

C'est excessivement embarrassant. (Haut.) Je ve-
nais vous dire... je vous assure que cela me dé-
sole, mais je suis contraint...

Mᵐᵉ DORVILLIERS.

Je devine ce qui vous occupe... Vous veniez me
parler de M. Ernest, il sort d'ici tout chagrin.

DESGRANGES.

Ah! vous l'avez vu?

* Cécile, madame Dorvilliers.

Mᵐᵉ DORVILLIERS.

Oui, et votre opinion sur lui l'afflige beaucoup.

DESGRANGES.

Que voulez-vous, madame? je ne puis cacher le sentiment qui me domine... Certes, Ernest est un galant homme plein de probité et d'honneur! mais il est bien jeune encore... sa position n'est pas faite... Et puis, je connais son caractère, celui de Mˡˡᵉ Cécile, je crains qu'il n'y ait aucune sympathie, et je crois qu'il y aurait de l'imprudence à lui confier le sort de votre fille... Ah! madame, c'est une sérieuse affaire qu'un mariage!

Mᵐᵉ DORVILLIERS.

Ah! vous avez raison, monsieur... c'est une affaire sérieuse!

DESGRANGES.

Il faut bien se connaître avant de s'engager!

Mᵐᵉ DORVILLIERS.

Sans cela, que de regrets on se prépare!

DESGRANGES.

Ah! madame!

Mᵐᵉ DORVILLIERS.

Ah! monsieur!

DESGRANGES.

La vie n'est plus qu'un supplice!

Mᵐᵉ DORVILLIERS.

Un enfer anticipé! Pauvres jeunes filles! comme on dispose légèrement de votre avenir! Moi, par exemple, on me maria sans daigner me consulter, sans me donner le temps d'étudier celui de qui je devais dépendre. (Soupirant.) Cette union fut loin d'être heureuse!... aussi, je me suis promis, si jamais je formais de nouveaux liens, de ne pas agir avec une coupable promptitude.

DESGRANGES.

Ah! que c'est bien penser! en se conduisant ainsi, que de chagrins on évite!

Mᵐᵉ DORVILLIERS.

D'ailleurs, c'est un acte de loyauté... je parlerais avec franchise, je dirais : Monsieur, je suis arrivée à un âge où des qualités nouvelles ne s'acquièrent plus, où les défauts ne peuvent se perdre... La jeunesse est confiante et craint peu les comparaisons! le tourbillon des plaisirs, les louanges flatteuses viennent l'étourdir et ne lui laissent pas le temps de réfléchir et de s'inquiéter... Mais, à trente-deux ans... (Appuyant.) trente-deux ans!... on dédaigne les plaisirs et l'on n'a guère l'occasion de repousser les louanges... ou arrive à l'isolement, la tête travaille... on devient soupçonneuse, jalouse... Ah! je le sens, je serais extrêmement jalouse!... Il faudrait que mon mari fût bien indulgent, bien doux! qu'il sût ménager toutes mes susceptibilités! qu'il me rendît compte de l'emploi de son temps, de la moindre de ses démarches... ou, plutôt, il faudrait qu'il ne me quittât jamais... ce serait plus sûr.

DESGRANGES.

Mais, madame, je ne vois rien là qui puisse effrayer.

Mᵐᵉ DORVILLIERS, à part, avec chagrin.

Faut-il qu'il m'aime! (Haut.) Voilà la vie que je me propose... la campagne d'abord... et toujours! car, dans une grande ville, on trouve trop de sujets de distractions, et, près de cette campagne, pas de voisins!... notre porte fermée à tout le monde!... jamais de visites!... toujours seuls, bien seuls!... Quelle vie tranquille!... quelle douce solitude!... quelle heureuse uniformité!

DESGRANGES.

Ah! madame, quel tableau ravissant vous venez de faire!... c'est l'âge d'or des époux!

Mᵐᵉ DORVILLIERS, à part, avec dépit.

Ah! mon Dieu! mais il ne me trouve pas de défauts. Décidément, il m'adore!

DESGRANGES.

Plaisirs naïfs et purs! paradis conjugal! Pourquoi mon cœur ne peut-il vous comprendre?...

Mᵐᵉ DORVILLIERS.

Que dites-vous?

DESGRANGES.

Hélas! oui, madame, j'ai beau me moraliser, je ne puis faire consister le bonheur que dans le bruit, le tumulte, le monde! C'est désolant; mais dans mes goûts, madame, ainsi que vous, je suis incorrigible... j'ai besoin d'émotions, je suis avide de tout ce qui les fait naître, les dîners de garçons, les bals, le jeu!... Oh! le jeu! passion terrible, mais enivrante, accidentée! J'adore la campagne .. par hasard; mais alors, ce n'est pas pour m'enfermer dans un jardin bourgeois! Fi donc! il me faut la liberté, le grand air, les champs, les plaines, les bois, le son du cor, le bruit des armes à feu, le cri de la meute! puis, le soir, revenir, avec tous mes amis, s'asseoir au joyeux banquet, porter un toast aux vainqueurs de la journée, et, la chanson bruyante à la bouche, saluer l'aurore, le verre à la main!

Mᵐᵉ DORVILLIERS, se récriant.

Ah! monsieur, quelle peinture! quel désordre!... mais c'est affreux!

DESGRANGES.

Abominable, madame; mais que voulez-vous, c'est enraciné!

AIR : Elle ignorait ma vive ardeur.

A la folie! à la gaîté!
Je livre le cours de ma vie.

Mᵐᵉ DORVILLIERS.

J'adore la tranquillité!...
Entre nous, point de sympathie!

DESGRANGES.

J'aime le bruit, le jeu, le son du cor.

Mᵐᵉ DORVILLIERS.

De tels plaisirs, je ne puis les comprendre,
Nous ne serons jamais d'accord.

DESGRANGES.

Comme nous savons nous entendre!
Qu'il est bon de savoir s'entendre!

Mᵐᵉ DORVILLIERS.

Ah! monsieur Desgranges, il y a du courage à se montrer tel que l'on est, et je vous sais gré de votre sincérité.

DESGRANGES.

Combien je bénis la vôtre!

Mᵐᵉ DORVILLIERS.

Mais voyez donc, si nous avions déguisé la vérité!

DESGRANGES.

Mais voyez donc, si nous ne nous étions pas expliqués!

Mᵐᵉ DORVILLIERS.

Que de tourmens!

DESGRANGES.

Que de regrets!

Mᵐᵉ DORVILLIERS.

Que de larmes!

DESGRANGES.

Que de douleurs!

Mᵐᵉ DORVILLIERS.

Ah! ah!

DESGRANGES.

Ah! ah!

Mᵐᵉ DORVILLIERS, à part.

Je respire, je croyais la rupture plus difficile.

DESGRANGES, à part.

Je n'aurai pas besoin de prendre la diligence.

ooooooooooooooooooooooooooooooooooooooooooooooooooo

SCÈNE XVI.

LES MÊMES, CÉCILE, des papiers à la main.*

CÉCILE.

Pardon, maman; mais le porteur de cette lettre m'a prié de te la donner au plus vite! C'est très pressé, dit-il.

Mᵐᵉ DORVILLIERS, ouvrant la lettre.

Qui peut m'écrire?

CÉCILE, pendant que Mᵐᵉ Dorvilliers lit.

Monsieur Desgranges, ce petit papier est pour vous; c'est le domestique...

DESGRANGES.

Mille obligations, mademoiselle. (A part.) Ma place de coupé!... quinze francs d'arrhes... et une place du milieu... en voilà du bonheur!

Mᵐᵉ DORVILLIERS, qui a parcouru la lettre.

Ceci est bien extraordinaire! je ne comprends pas...

DESGRANGES.

Quoi donc?

Mᵐᵉ DORVILLIERS.

C'est votre oncle qui m'écrit.

DESGRANGES, à part.

Mon oncle! aïe! aïe! aïe!**

* Desgranges, Cécile, madame Dorvilliers.
** Desgranges, Mᵐᵉ Dorvilliers, Cécile.

Mᵐᵉ DORVILLIERS.

Après tout ce qui s'est passé chez moi aujourd'hui, ce billet me semble une énigme... Voyez... lisez, M. Desgranges. (A Desgranges qui lit à voix basse.) Tout haut, je vous prie.

DESGRANGES, très embarrassé.

Ah! tout haut! (Lisant.) « Madame, un maudit » accès de goutte me retenant chez moi, je suis » privé du plaisir de faire moi-même une démar- » che qui doit assurer le bonheur de mon neveu » et combler tous les vœux de sa famille... Vous » avez sans doute déjà deviné qu'il s'agit de ma- » demoiselle votre fille... »

CÉCILE, à part.

De moi!

DESGRANGES, voulant serrer la lettre.

Vraiment, comme vous, madame, je ne saisis pas très bien...

Mᵐᵉ DORVILLIERS.

Continuez; la fin est plus claire...

DESGRANGES.

Ah! la fin est plus claire? (Lisant.) « Depuis » long-temps les nombreuses qualités de made- » moiselle Cécile ont justement frappé mon ne- » veu; en un mot, madame, il l'adore, et son » amour ne pouvant plus admettre de délai... (Ra- » lentissant de plus en plus sa lecture.) je viens vous » demander pour lui la main de mademoiselle » Cécile. » (A part.) Je voudrais être à mille lieues d'ici!

CÉCILE, bas à sa mère.

Que signifie?

Mᵐᵉ DORVILLIERS.

Parlez, monsieur Desgranges... puisque c'est vous qui avez provoqué cette démarche de M. votre oncle, vous pourrez me dire...

DESGRANGES.

Tenez, madame, je suis dans une position affreuse! indigne!... ayez pitié d'un malheureux, et laissez-le, en s'éloignant à jamais d'ici, aller déplorer sa maladresse!

Mᵐᵉ DORVILLIERS, le retenant.

Un moment, vous resterez, je veux savoir...

DESGRANGES.

Eh bien! vous avez raison, madame, et ma confusion ne sera qu'un juste châtiment. Pour l'emporter sur Ernest, je ne me suis jusqu'à présent adressé qu'à vous, madame, qui, seule, pouviez disposer de mademoiselle: j'appelais cela le bon moyen!... vous voyez comme il me réussit!... je perds tout ce qui aurait fait ma félicité... (Montrant le billet des messageries.) Ma place est retenue, je pars!

CÉCILE, vivement.

Mais non... puisque...

Mᵐᵉ DORVILLIERS, l'interrompant.

Cécile!...

DESGRANGES.

Ah ! mon Dieu ! l'ai-je bien compris ? (Regardant Cécile qui baisse les yeux.) Oui, mon malheur est plus grand encore que je ne croyais.

CÉCILE.

Mais, maman, il me semble...

Mme DORVILLIERS, affectant la sévérité.

Non, Cécile, non... je ne confierai jamais ton avenir à un homme qui n'aime que le bruit, la chasse, les dîners de garçons, le monde, le jeu...

DESGRANGES.

Madame !

Mme DORVILLIERS.

Passer les nuits à table... saluer l'aurore le verre à la main,... Ah ! monsieur, vous m'avez avoué tout cela dans un moment de sincérité.

DESGRANGES.

Hélas ! madame, je l'avoue, je mentais en imitant votre franchise.

Mme DORVILLIERS.

Permettez-moi de douter...

SCÈNE XVII.

LES MÊMES, ERNEST.

DESGRANGES, vivement, à Ernest.

Ah ! te voilà ! approche, et parle sans ménagement... Ai-je la passion du jeu ?

ERNEST, se récriant.

Oh !... au bal tu joues comme moi, par désœuvrement... pour ne pas danser.

DESGRANGES.

Suis-je l'ami du bruit, du tumulte ? m'as-tu jamais vu passer les nuits à table ?

ERNEST.

Oh !... un ermite n'est pas plus tranquille ! Oui, madame, qui attaque mon ami le calomnie ; je soutiens, moi, qu'il est né pour faire le bonheur d'une femme.

DESGRANGES, à Mme Dorvilliers.

Vous l'entendez ?

Mme DORVILLIERS, souriant.

Depuis la lettre de l'oncle, j'en étais persuadée.

ERNEST, se frottant les mains.

Ah ! ah ! je vois qu'il y avait quelques petits nuages... mes paroles les ont dissipés... je me félicite d'arriver à temps pour hâter l'heureuse union de mon ami... (S'approchant de Mme Dorvilliers.) Quant à la mienne, madame, puis-je espérer ?...

Mme DORVILLIERS, embarrassée.

Monsieur Ernest, voyez-vous, je...

ERNEST, passant près de Desgranges.

Allons, il n'y a plus de rancune entre nous ; puis-je espérer, hein ?...

DESGRANGES, embarrassé.

Vraiment, je ne sais encore...

ERNEST, allant à Cécile.

Mademoiselle, puis-je espérer ?...

CÉCILE.

Monsieur ! (Passant près de Desgranges.) Je ne sais que répondre !

DESGRANGES, bas.

Donnez-lui cela. (Il passe à Cécile le petit papier.)

CÉCILE, de même.

Il sera content ?

DESGRANGES.

Très content.

CÉCILE, à Ernest.

Voici la réponse !

ERNEST, bas.

Je devine ! (A part, avec joie.) O bonheur ! c'est un consentement, et sa pudeur n'ose pas avouer. (Regardant le papier.) Quinze francs d'arrhes, troisième place de coupé ! Qu'est-ce que c'est que ça ?

DESGRANGES.

Oui, j'ai pensé que le spectacle de mon mariage pourrait te chagriner...

ERNEST.

Moi ! ton mariage avec madame ?

DESGRANGES.

Non, avec mademoiselle.

ERNEST.

Avec mademoiselle ! Ah ! ça, je n'y suis plus !

Mme DORVILLIERS *.

Monsieur Desgranges devient mon gendre.

ERNEST.

Comment ! lui qui s'occupait de vous exclusivement !

Mme DORVILLIERS.

Oui, il cherchait à me plaire pour obtenir la main de Cécile... un chemin de traverse !... Enfin, il considérait les parens comme des ouvrages avancés dont il fallait s'emparer d'abord, pour se rendre ensuite maître de la place... c'est de la stratégie amoureuse.

DESGRANGES, avec galanterie.

D'autant meilleure, madame, que, de chaque côté, elle m'assurait une victoire.

ERNEST.

Et moi qui faisais son apologie ! Mais la leçon ne sera pas perdue ! (Avec une rage concentrée.) Dorénavant, si je deviens amoureux d'une demoi-

* Cécile, Desgranges, Mme Dorvilliers, Ernest.

selle, je ne m'occuperai que de la mère, je ne causerai qu'avec la mère... je ne serai charmant qu'avec la mère !

Mᵐᵉ DORVILLIERS, souriant.

Et vous ne parlerez à votre femme que le lendemain de la noce... Allons, voyons, monsieur Ernest, point d'exagération !... il est convenable de s'occuper de la mère.

CÉCILE.

Mais il ne faut pas trop négliger la fille.

CHŒUR.

AIR final du grand Criminel.

Joyeux hyménée

Nous / Vous promet ici des jours heureux ;

Que cette journée

Voie enfin combler tous leurs / mes vœux !

FIN DU BON MOYEN.

NOTA. S'adresser, pour la musique de cet ouvrage, à M. R. TARANNE, Bibliothécaire du théâtre du Vaudeville.

BOULÉ et Cᵉ, Imprimeurs, 3, rue Coq-Héron.

FRANCE DRAMATIQUE.

Cette collection, qui contient les meilleures Pièces des Auteurs vivans, se continue toujours avec succès. Les éditions dont elle se compose sont les seules exactement conformes aux représentations.

CASIMIR DELAVIGNE.

L'École des vieillards.	60
Les Vêpres siciliennes.	60
Les Comédiens.	60
Le Paria.	60
Louis XI.	60
Don Juan D'Autriche.	60
La princesse Aurélie.	60
Marino Faliero.	60
Famille au temps de Luther.	60
Les Enfans d'Edouard.	60
La Popularité.	60
La Fille du Cid.	60

P. DINAUX.

Trente Ans , ou la Vie d'un Joueur.	60
Richard d'Arlington.	60
Louise de Lignerolles.	60
Latréaumont.	60
Clarisse Harlove.	60
La Prétendante.	60

SCRIBE.

La seconde Année.	30
L'Ours et le Pacha.	30
Malheurs d'un amant heureux.	30
Michel et Christine.	30
Mariage de raison.	30
La Vieille.	30
La Demoiselle à marier.	30
Le Budget d'un jeune ménage.	30
Philippe.	30
La Dame Blanche.	60
Toujours !	30
Dix Ans , ou la Vie d'une femme.	60
Le Lorgnon.	30
Bertrand et Raton.	60
Une Faute.	30
La Chanoinesse.	30
L'Héritière.	30
Le Gardien.	60
Le Charlatanisme.	30
Zoé.	30
Mémoires d'un Colonel.	30
Les deux Maris.	30
La Passion secrète.	60
Estelle.	30
Fra Diavolo.	60
Robert-le-Diable.	60
Avant, Pendant et Après.	60
Gustave III.	60
Valérie.	60
Le Nouveau Pourceaugnac.	30
Le Secrétaire et le Cuisinier.	30
La Prison d'Edimbourg.	50
Le Chalet.	30
Les Indépendans.	60
La Juive.	60
Les Huguenots.	60
La Camaraderie.	60
La Muette de Portici.	60
Clermont.	60
Le Mariage d'argent.	60
Marguerite.	60
Les Treize.	60
La Fiancée.	60
Le Shérif.	60
César ou le Chien du château.	60
Le Philtre, opéra.	60

Malvina.	60
Le plus beau jour de la vie.	60
Louise ou la Réparation.	60
Les premières Amours.	30
Le Colonel.	30
Le Coiffeur et le Perruquier.	30
La Lune de miel.	60
La Mansarde des Artistes.	30
Yelva.	60
La Marraine.	60
Le Quaker.	60
La Famille Riquebourg.	30
Le Verre d'eau.	60
Régine.	60
Reine d'un jour.	60
La Neige.	30
Diplomate.	60
Le Veau d'Or.	60

ALEXANDRE DUMAS.

Henri III et sa Cour.	60
Richard d'Arlington.	60
La Tour de Nesle.	60
Stockholm et Fontainebleau.	60

VICTOR DUCANGE.

Calas.	30
Trente Ans.	60
Il y a Seize Ans.	60
Thérèse.	60
Couvent de Tonington.	60
Sept Heures.	60
La Fiancée de Lammermoor.	60
Polder.	60
Le Jésuite.	60
Lisbeth.	60

MÉLESVILLE.

Le Philtre champenois.	30
Les Vieux Péchés.	30
Zampa.	60
Elle est Folle.	60
Catherine.	30
Michel Perrin.	30
Le Bourgmestre de Saardam.	30
Le Mariage impossible.	30
Mademoiselle Clairon.	60
L'Espionne russe.	60
Permission de 10 heures.	60

BAYARD.

Marie Mignot.	60
Un Premier Amour.	60
Le Poltron.	30
Moiroud et compagnie.	30
Le Père de la Débutante.	60
Suzette.	60
C'est Monsieur qui paie.	30
Phœbus.	60
Geneviève-la-Blonde.	60
La Grande Dame.	60

PAUL FOUCHER.

Don Sébastien de Portugal.	60
Le Pacte de Famine.	60
Isabelle de Montréal.	60
Guillaume Colmann.	60

CHARLES DESNOYERS.

Le Facteur.	60
Alix ou les deux Mères.	60
Richard Savage.	60
Le Général et le Jésuite.	60
La Boulangère a des écus.	60
Les Filles de l'Enfer.	60
Le Mari de sa Cuisinière.	60

LOCKROY.

Un Duel sous Richelieu.	30
Pourquoi ?	30
C'est encore du bonheur.	60
Perrinet Leclerc.	60
Passé Minuit.	60

PAUL DE KOCK.

Le Débardeur.	60
La Laitière de la Forêt.	60
Le Postillon franc-comtois.	60
Un Bal de Grisettes.	30
Les Bayadères de Pithiviers.	60

PIÈCES DIVERSES.

Le Mari et l'Amant, c. en 1 a., par Vial.	30
Luxe et indigence, c. en 5 act. par M. d'Épagny.	60
La Famille Glinet, c. en 5 act. par M. Merville.	60
Jeanne d'Arc, trag. en 5 act., par d'Avrigny.	60
Les deux Gendres, c. en 5 act., par M. Etienne.	60
L'Abbé de l'Epée, c. en 5 act., par M. Bouilly.	60
La Belle-mère et le Gendre, c. en 3 actes, par M. Samson.	60
Jean, vaud. en 4 actes, par M. Théaulon.	60
Faublas, v. en 3 actes, par M. Dupeuty.	60
Le Voyage à Dieppe, c. en 3 actes, par MM. Wafflard et Fulgence.	60
La Fille d'honneur, c. en 5 a. par M. Alexandre Duval.	60
Un Moment d'Imprudence, c. en 5 actes, par MM. Wafflard et Fulgence.	60
Les Deux Ménages, com. en 3 a., par MM. Picard et Fulgence.	60
Une Journée à Versailles, c. en 3 a., par M. G. Duval.	60
Clotilde, drame en 5 actes, par M. Soulié.	
La Fausse Clé, drame en 3 a., par MM. Frédéric et Laqueyrie.	60
Les Deux sergents.	

Etc., etc. Voir la couverture de cette pièce.

FRANCE DRAMATIQUE. — PIÈCES EN VENTE.

La Seconde Année.
L'Ecole des Vieillards.
L'Ours et le Pacha.
Le Camarade de lit.
Le Mari et l'Amant.
Les Malheurs d'un Amant.
Henri III et sa cour.
Un Duel sous Richelieu.
Calas, de Ducange.
Michel et Christine.
Le Mariage de raison.
L'Hom. au masque de fer
La Jeune Femme colère.
L'Incendiaire.
La Vieille.
Le Jeune Mari.
La Demoiselle à marier.
Les Vêpres Siciliennes.
Budget d'un jeune ménag.
L'Auberge des Adrets.
Philippe.
La Dame blanche.
Toujours.
40 ans de la vie d'une fem.
Le Lorgnon.
Bertrand et Raton.
Une Faute.
Le ci-devant jeune hom.
Marie Mignot.
Pourquoi?
Richard-d'Arlington.
La Chanoinesse.
Les Comédiens.
L'Héritière.
Léontine.
Le Gardien.
Dominique.
Le Philtre Champenois.
Le Chevreuil.
Le Charlatanisme.
Vert-Vert.
Bruis et Palaprat.
Le Mariage extravagant.
Le Paysan perverti.
Pinto, en 5 actes.
La Carte à payer.
Le Mari de ma femme.
Les Vieux Péchés.
Luxe et Indigence.
Zoé.
Louis XI.
Ninon chez Mme Sévigné.
Robin des Bois.
Marius à Minturnes.
Marie Stuart.
Les Rivaux d'eux-mêmes
La Famille Glinet.
Les Héritiers.
Jeanne d'Arc.
Les Maris sans femmes.
L'Assemblée de famille.
Mémoires d'un Colonel.
Le Paria.
Les Deux Maris.
Le Médisant.
La Passion secrète.
Rabelais.
Les Deux Gendres.
Estelle.
Trente Ans.
Le Pré-aux-Clercs.
La Poupée.
La Tour de Nesle.
Changement d'uniforme.
Une Présentation.
Mme Gibou et Mme Pochet
Est-ce un Rêve?
Fra Diavolo.
Robert-le-Diable.
Le Duel et le Déjeuner.
Zampa.
Avant, Pendant et Après.
Les Projets de mariage.
Un premier Amour.
Napoléon, ou Schœn-
brunn et Ste-Hélène.
La Courte-Paille.
Le Hussard de Felsheim.
1760, ou les 3 Chapeaux.
Rigoletti.
Fredegonde et Brunehaut.
Gustave III

Elle est Folle.
L'Abbé de l'Epée.
Un Fils.
Les Infort. de M. Jovial.
M. Jovial.
Victorine.
Catherine ou la Croix d'or
La Belle-Mère et le Gend.
Heur. et Malheur.
Il y a Seize ans.
L'Héroïne de Montpellier
C'est encore du Bonheur.
La Mère au bal, et la Fille
à la maison.
Jean.
Les Etourdis.
Valérie.
Faublas.
Picaros et Diego.
Démence de Charles VI.
Une Heure de mariage.
Madame Du Barry.
Le Chiffonnier.
Le marquis de Brunoy.
Le Voyage à Dieppe.
Les Anglaises pour rire.
La Fille d'honneur.
Un moment d'imprudence
Le Dîner de Madelon.
Les Deux Ménages.
Le Bénéficiaire.
Malheurs d'un joli garçon
Robert, chef de brigands.
Michel Perrin.
Une Journée à Versailles.
Le Barbier de Séville.
Les Cuisinières.
Le Nouv. Pourceaugnac.
Marie.
Le Secrét. et le Cuisinier.
Clotilde.
Bourgmest. de Saardam.
Le Roman.
Le Coin de Rue.
Le Célibataire et l'Hom-
me marié.
La Maison en loterie.
Les Deux Anglais.
Le Mariage impossible.
La Ferme de Bondi.
Werther.
La Prison d'Edimbourg.
La Première Affaire.
La Famille de l'Apothicai.
Don Juan d'Autriche.
L'Enfant trouvé.
Le Poltron.
Le Facteur.
Misanthropie et Repentir
Le Châlet.
Perrinet Leclerc.
Moiroud et Compagnie.
Agamemnon.
Chacun de son côté.
Le Vagabond.
Thérèse.
Sans Tambour ni Tromp.
Marino Faliero.
Fanchon la Vielleuse.
Prosper et Vincent.
Glenarvon.
Le Conteur.
Le Caleb de Walter Scott.
La Dame de Laval.
Carlin à Rome.
Les Deux Philibert.
Les Couturières.
Couvent de Tonnington.
Le Landau.
Une Famille au temps de
Luther.
Les Polctais.
Honorine.
Angéline.
La Princesse Aurélie.
Les Petites Danaïdes.
Sophie Arnould.
Un Mari charmant.
Les Deux Frères.
Madame Lavalette.
La Pie Voleuse.
La Famille improvisée.

Les Frères à l'épreuve.
Le Marquis de Carabas.
La Belle Ecaillère.
Les Deux Jaloux.
Laitière de Montfermeil.
Les Bonnes d'Enfans.
Farruck le Maure.
Monsieur Sans-Gêne.
Monsieur Chapolard.
La Camargo.
Préville et Taconnet.
Le Bourru bienfaisant.
La Fille de Dominique.
Philosophe sans le savoir
Rossignol.
Deux vieux Garçons.
Jeunesse de Richelieu.
Le Père de la Débutante.
L'Avoué et le Normand.
La Juive.
Un Page du Régent.
Les Indépendans.
Les Huguenots.
Mai noté dans le quartier.
L'Idiote, dr. en 4 actes.
Suzette.
Guillaume Colmann.
Les Deux Edmond.
Le Serment de Colléga.
La Vie de Garçon.
La Camaraderie.
Le Commis Voyageur.
Liste de mes Maîtresses.
Aix, ou les Deux Mères.
Harnali, *parodie*.
99 Moutons et un Cham-
penois.
Un Ange au sixième étage
Frascati, vaud. en 3 actes
La Cocarde tricolore.
La Muette de Portici.
La Foire Saint-Laurent.
Clermont.
Le Pioupiou, v. en 3 actes
Perruquier de la Régence
Le Chevalier du Temple.
Le Mariage d'argent.
Le Camp des Croisés.
Mademoiselle d'Aloigry.
Une Vision ou le sculpteur
Le Bourgeois de Gand.
Le Pauvre Idiot, d. 4 act.
Louise de Lignerolles.
L'Homme de Soixante ans
Marguerite.
La Belle-Sœur.
Céline la Créole.
Mademoiselle Bernard.
Précepteur à vingt ans.
Madame Grégoire.
La Cachucha.
Samuel le marchand.
Guillaume Tell, op. 4 a.
Henri Hamelin, dr. 5 a.
Un Testament de dragon
Le Ménestrel, com. 5 a.
Bayadéres de Pithiviers.
Peau d'âne, en 5 actes.
L'Ouverture de la Chasse
La Vie de Château.
Thérèse, opéra-comique.
L'Obstacle imprévu.
Richard Savage, dr. 5 a.
Le Grand-Papa Guérin.
Le Général et le Jésuite.
La Boulangère a des écus.
D. Sébastien de Portugal.
C'est monsieur qui paie.
Mademoiselle Clairon.
Ruy-Brac, p. de Ruy-Blas.
Une Position délicate.
Randal, dr. en 5 actes.
L'Enfant de Giberne.
Sept Heures.
Un Bal de Grisettes.
Candinot, roi de Rouen.
Françoise et Francesca.
La Mantille.
Les Trois Gobe-Mouches.
Postillon franc-comtois.
Mademoiselle Nichon.
Dagobert.

Les Maris vengés.
Une Saint-Hubert.
La Fille d'un Voleur.
Les Sermens.
Le Planteur.
Jaspio, com.-vaud.
Le Père Pascal.
Nanon, Ninon, Maintenon
Phœbus.
Les Camarades du minist.
Vingt-six ans.
La Canaille.
L'Eclair.
L'intérieur des Comités
révolutionnaires.
La Laitière de la Forêt.
Bobèche et Galimafré.
La Femme Jalouse.
Le Panier Fleuri.
Le Protégé.
Le Diamant.
Les Treize.
Naufrage de la Méduse.
L'Eau merveilleuse.
Geneviève la Blonde.
Industriels et Industrieux
Le Pied de mouton.
La Grande Dame.
Passé minuit.
Le Susceptible.
Le Pacte de Famine.
Tribut des Cent Vierges.
Isabelle de Montréal.
Une Visite nocturne.
Madame de Brienne.
Un Ménage parisien.
Les Brodequins de Lise.
Valentine.
La Belle Bourbonnaise.
Mademoiselle Desgarcins
Passé Midi.
Les Trois Quartiers.
La Nuit du Meurtre.
La Fiancée.
Les Ouvriers.
L'Elève de Saumur.
Carte blanche.
Chantre et Choriste.
Chansons de Béranger.
La Fille du Musicien.
La Rose Jaune.
Le Shérif.
Les Filles de l'Enfer.
César, ou le Chien du
château.
Eustache.
Argentine.
L'Amour.
Fiancée de Lammermoor.
Le Père de Famille.
Bélisario.
Le Débardeur.
La Symphonie.
Sujet et Duchesse.
Ecorce russe et Cœur
français.
Un Scandale.
Le Bambocheur.
Le Philtre, opéra.
Le Tasse.
Léonide, ou la Vieille.
A Minuit.
Le Coffre-fort.
Fénélon, par Chénier.
Les Machabées.
La Lune Rousse.
L'Amant bourru.
Cartouche, ou les Voleurs
L'espionne Russe.
Les Deux Normands.
Le Soldat de la Loire.
Malvina, ou le Mariage.
Le plus beau jour de la vie
Polder, ou le Bourreau.
Louise, ou la Réparation
Les Premières Amours.
Le Colonel.
Le Coiffeur et le Perru-
quier.
La Reine de seize ans.
Keitly, ou le Retour.
La Famille Riquebourg.

Lisbeth, ou la Fille du La-
boureur.
La Lune de Miel.
La Correctionnelle.
La République, l'Empire
et les Cent jours.
Les deux Forçats.
Quaker et la Danseuse.
Les Enfans d'Edouard.
Yelva.
La Marraine.
La Mansarde.
La Fille du Cid.
Assemblée de Créanciers
Le Soldat laboureur.
Les Cabinets particuliers
Les Deux Systèmes.
La Reine d'un jour.
Régine ou Deux Nuits.
L'Humoriste.
Lénore.
Hochet d'une Coquette.
La Fausse Clé.
Le Secret du Soldat.
La Peur du Tonnerre.
La Neige.
Le Jésuite.
Les 6 Degrés du Crime.
Les Deux Sergens.
Le Diplomate.
L'œil de verre.
Latréaumont.
Le Code et l'Amour.
Une Jeune Veuve.
La Mansarde du Crime.
Judith.
Madame DuChâtelet.
Le Verre d'eau.
Masaniello.
Je connais les femmes.
La Rose de Péronne.
Deux Sœurs.
La Grâce de Dieu.
La Dette à la Bamboche.
Une Nuit au Sérail.
L'embarras du choix.
La Popularité.
Caravage.
Un Monsieur et une Dame
Les Pénitents blancs.
Christine.
Permission de 10 heures
Béatrix, drame.
Voyage de Robert-Ma-
caire.
Comité de Bienfaisance.
Floridor le Choriste.
La Mère et la Fille.
La Fille du Tapissier.
Le Veau d'Or.
Mari de sa Cuisinière.
Le Débutant.
Le Quinze avant Midi.
Deux Dames au Violon.
Le Beau-Père.
La maîtresse de Poste.
L'homme-Gris.
Le Bureau de Placem.
Les Oiseaux de Bocace.
Le Festin de Pierre.
Le Bon Ange.
Les Economi.s de Cabo-
chard et Sous-Clé.
Frère et Mari.

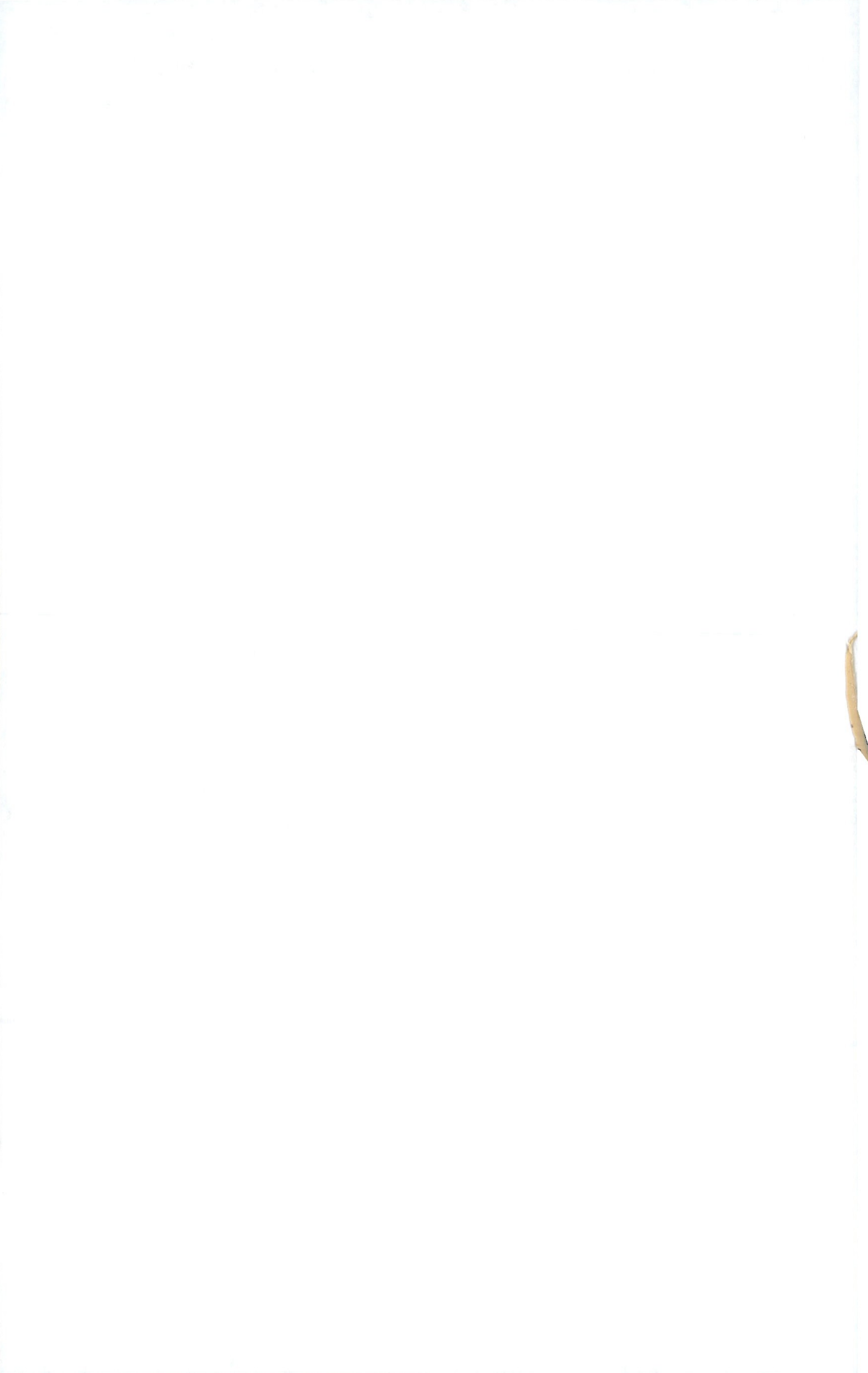

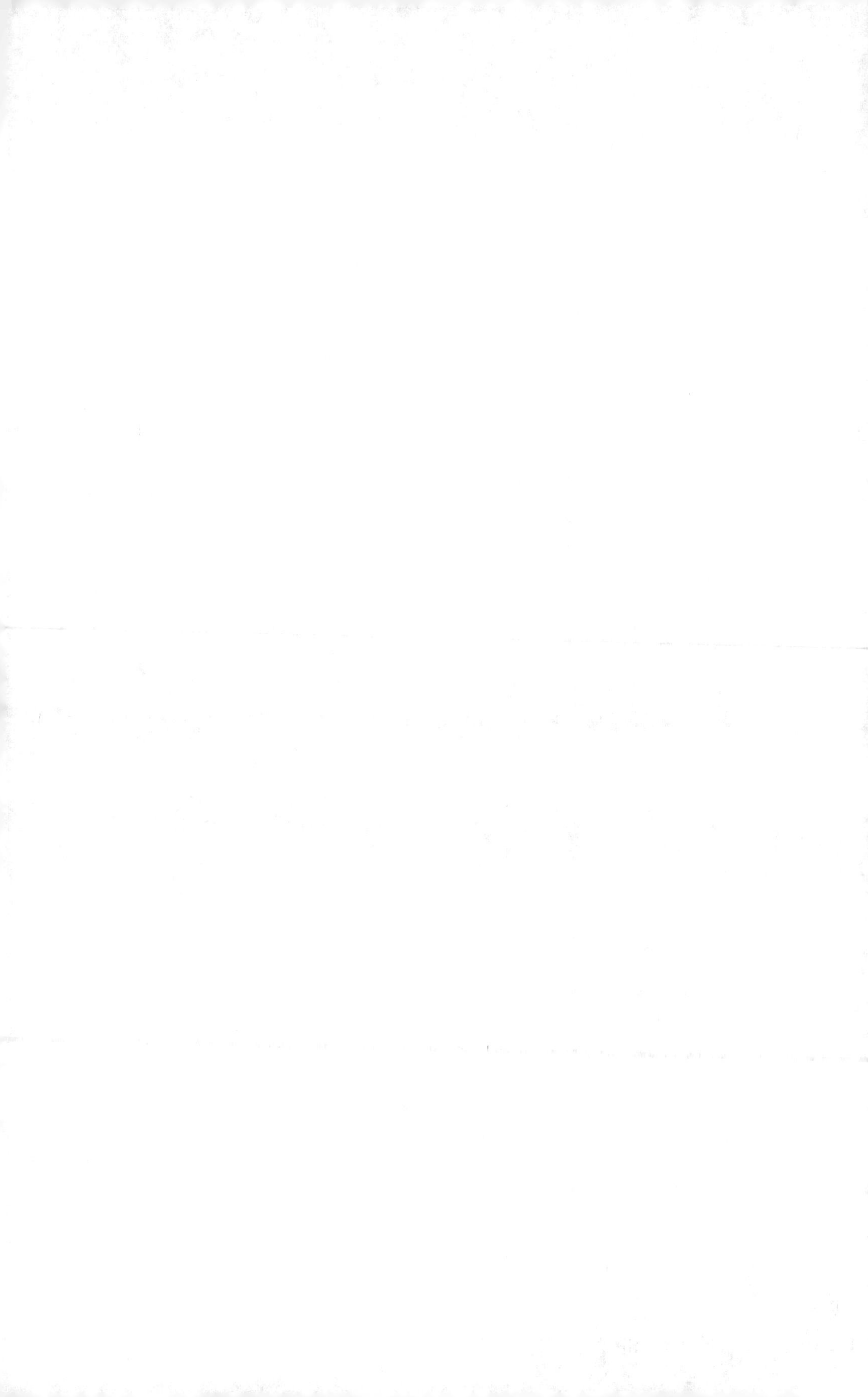

www.ingramcontent.com/pod-product-compliance
Lightning Source LLC
Chambersburg PA
CBHW051445060726
47596CB00006B/2632